Goodnight, My Love!
Boa Noite, Meu Amor!

Shelley Admont

Illustrated by Samir Boumsik

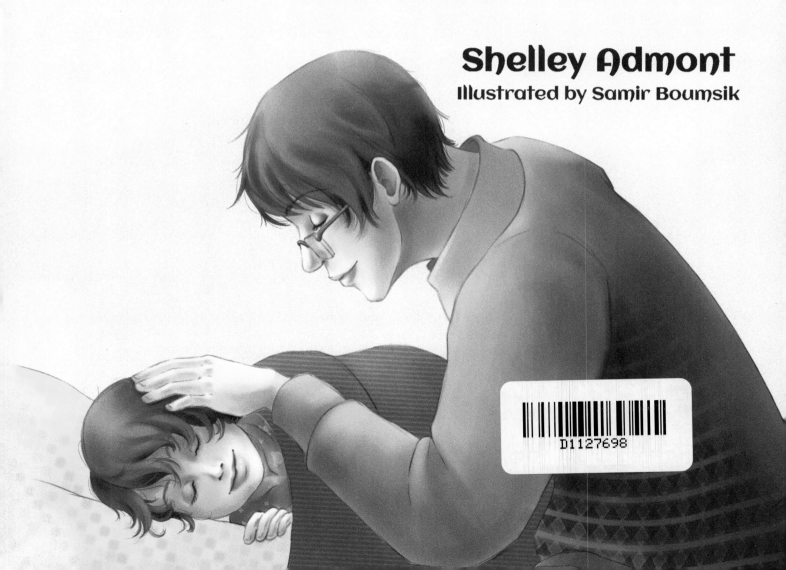

D1127698

www.kidkiddos.com

Copyright©2015 by S.A.Publishing ©2017 by KidKiddos Books Ltd.

support@kidkiddos.com

Second edition, 2019

Edited by Martha Robert
Translated from English by Roberta Guimarães de Souza
Traduzido do inglês por Roberta Guimarães de Souza
Portuguese editing by Thais Osti
Edição em Português de Thais Osti

Library and Archives Canada Cataloguing in Publication
Goodnight, My Love! (Brazilian Portuguese Bilingual Edition)/ Shelley Admont
ISBN: 978-1-5259-1477-5 paperback
ISBN: 978-1-5259-0846-0 hardcover
ISBN: 978-1-5259-0844-6 eBook

Please note that the Portuguese and English versions of the story have been written to be as close as possible. However, in some cases they differ in order to accommodate nuances and fluidity of each language.

KidKiddos Books

"Time for bed, son. Brush your teeth and put on your pajamas. Climb into bed, and I will read you a story," said Dad.

"Hora de ir para cama, filho. Escove os dentes e vista o pijama. Suba na cama e te lerei uma história," disse o Papai.

When Alex had climbed into bed, his dad read him a story. After that, he tucked him in and leaned over.

Quando Alex subiu na cama, seu pai leu uma história para ele. Depois, o cobriu e se aproximou.

"Goodnight, son. Goodnight, dear. I love you," he said.

"*Boa noite, filho. Boa noite, querido. Eu te amo,*" *ele disse.*

"I love you too, Daddy, but I can't sleep right now," said Alex.

"Eu também te amo, Papai, mas não consigo dormir agora," disse Alex.

"Why, son? What's wrong?" asked Dad.

"Por que, filho? O que há de errado?" perguntou o Papai.

"I need a drink of water first," Alex answered.

"Preciso tomar água antes," respondeu Alex.

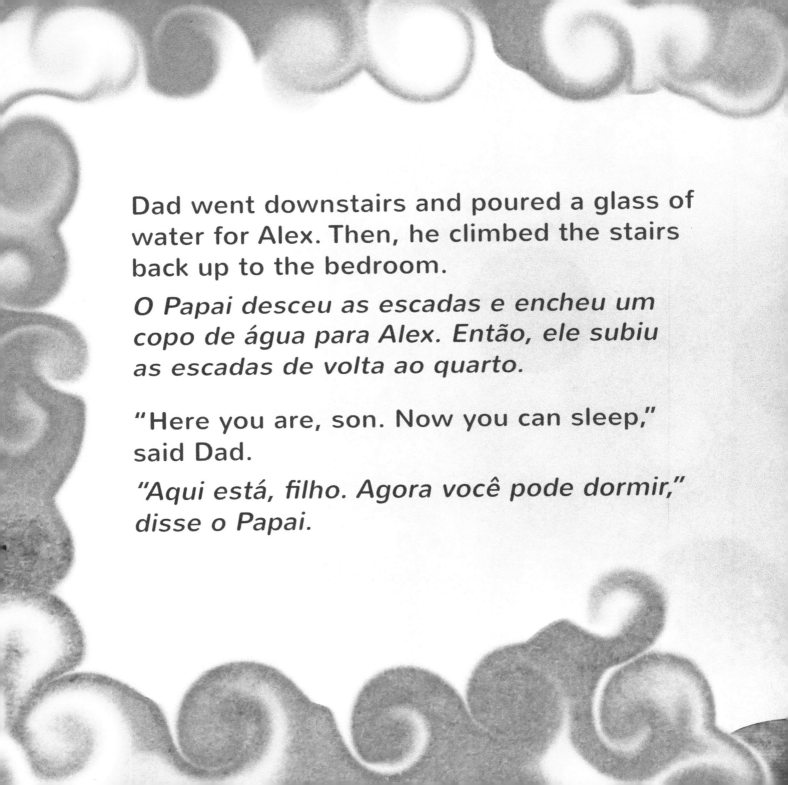

Dad went downstairs and poured a glass of water for Alex. Then, he climbed the stairs back up to the bedroom.

O Papai desceu as escadas e encheu um copo de água para Alex. Então, ele subiu as escadas de volta ao quarto.

"Here you are, son. Now you can sleep," said Dad.

"Aqui está, filho. Agora você pode dormir," disse o Papai.

Alex drank the glass of water and lay back down. His dad tucked him in and leaned over.

Alex bebeu o copo de água e voltou a se deitar. O papai o cobriu e se aproximou.

"Goodnight, son. Goodnight, dear. I love you," he said.

"Boa noite, filho. Boa noite, querido. Eu te amo," ele disse.

"I love you too, Daddy, but I can't sleep right now."

"Também te amo, Papai, mas não consigo dormir agora."

"Why, son? What's wrong?" asked Dad.

"Por que, filho? O que há de errado?" perguntou o Papai.

"I need my teddy bear," answered Alex.

"Eu preciso do meu ursinho," respondeu Alex.

Dad walked across the room and picked up a blue teddy bear.

O papai atravessou o quarto e pegou um ursinho de pelúcia azul.

He brought it back and gave it to Alex.

Ele trouxe o ursinho e o deu a Alex.

"Not this one, Daddy. I need the grey teddy bear," said Alex.

"Não este, Papai. Eu preciso do ursinho de pelúcia cinza," disse Alex.

Dad laughed. He went downstairs to get a grey teddy bear from the couch. Then, he climbed the stairs back up to his son's room again.

O Papai riu. Ele desceu as escadas para pegar um ursinho cinza no sofá. Depois, subiu as escadas de novo até o quarto do filho.

"Here is your teddy bear. Now you can sleep," said Dad.

"Aqui está seu ursinho. Agora você pode dormir," disse o papai.

"Thank you, Daddy!" said Alex.

"Obrigado, Papai!" disse Alex.

Dad tucked in his son and the teddy bear and leaned over.

O Papai cobriu o filho e o ursinho e se aproximou.

"Goodnight, son. Goodnight, dear. I love you," he said.

"Boa noite, filho. Boa noite, querido. Eu te amo," ele disse.

"I love you too, Daddy, but I still can't sleep yet," said Alex again.

"Eu amo você também, Papai, mas ainda não consigo dormir," disse Alex outra vez.

"Why, son? What's wrong?" asked Dad.

"Por que, filho? O que há de errado?" perguntou o Papai.

"Well, I don't know what to dream about," answered Alex.

"Bom, eu não sei sobre o que sonhar," respondeu Alex.

"Hmmm, that's very important, isn't it?" said Dad. Alex nodded.

"Hmmm, isso é muito importante, não é?" disse o Papai. Alex concordou.

"Then, why don't we plan your dream together?" asked Dad.

"Então, porque não planejamos seu sonho juntos?" perguntou o Papai.

"That's a good idea, Daddy!"

"Que boa ideia, Papai!"

"If you could be anything at all, Alex, what would you be?"

"Se você pudesse ser qualquer coisa, Alex, o que você seria?"

"I'd be a bird and float on the breeze," answered Alex.

"Eu seria um pássaro e flutuaria na brisa," respondeu Alex.

"What a beautiful dream, son!" said Dad.
"Que lindo sonho, filho!" disse o Papai.

"But, what will happen next?" asked Alex.
*"Mas o que acontecerá depois?"
perguntou Alex.*

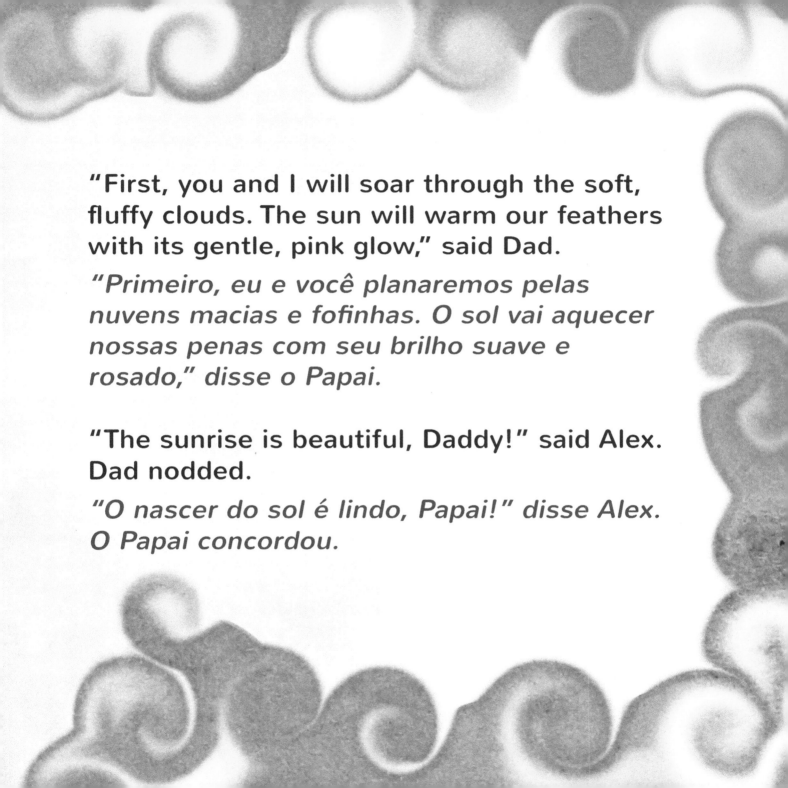

"First, you and I will soar through the soft, fluffy clouds. The sun will warm our feathers with its gentle, pink glow," said Dad.

"Primeiro, eu e você planaremos pelas nuvens macias e fofinhas. O sol vai aquecer nossas penas com seu brilho suave e rosado," disse o Papai.

"The sunrise is beautiful, Daddy!" said Alex. Dad nodded.

"O nascer do sol é lindo, Papai!" disse Alex. O Papai concordou.

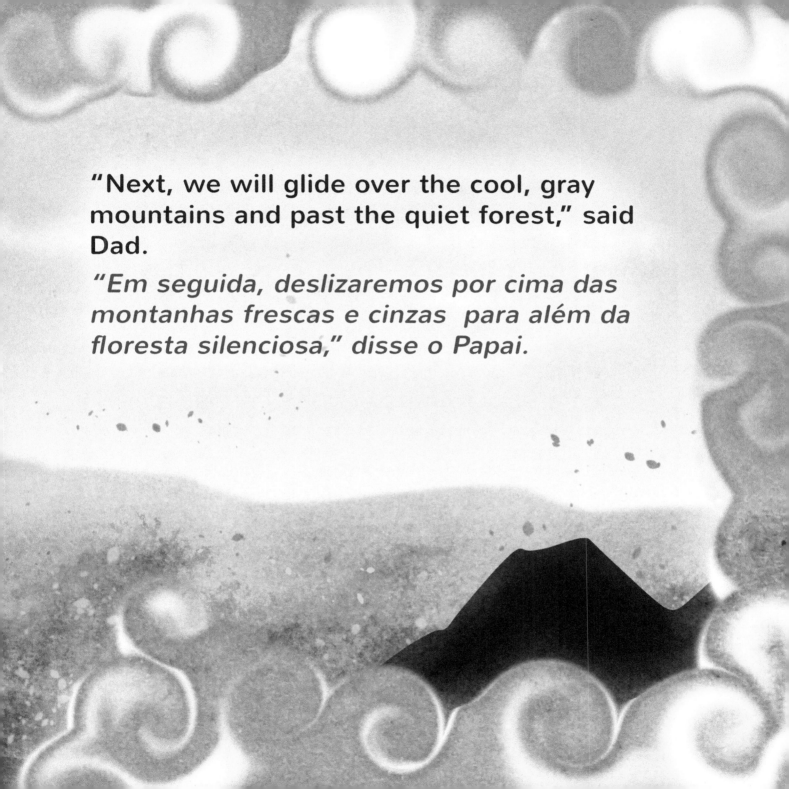

"Next, we will glide over the cool, gray mountains and past the quiet forest," said Dad.

"Em seguida, deslizaremos por cima das montanhas frescas e cinzas para além da floresta silenciosa," disse o Papai.

"Then, we will go for a swim in the warm waters of the sea. The breeze will be gentle and salty as we float atop the calm, blue waves," said Dad.

"Depois, nadaremos nas águas mornas do mar. Boiaremos sobre as ondas azuis tranquilas sentindo a brisa suave e salgada," disse o Papai.

"What happens next?" asked Alex with a big yawn.

"O que acontece depois?" perguntou Alex com um grande bocejo.

"We'll land on the fluffy, white cloud-pillows," said Dad quietly.

"Nós vamos aterrissar em um travesseiro feito de nuvens fofas e branquinhas," disse o Papai baixinho.

Dad looked at Alex sleeping and leaned over.

O Papai observou Alex dormindo e se aproximou.

"Goodnight, son. Goodnight, dear. I love you," said Dad. Then, he gave his son a kiss on his forehead. "I will always love you. Goodnight!"

"Boa noite, filho. Boa noite, querido. Eu te amo," disse o Papai. Então, ele beijou a testa do filho. "Eu sempre vou te amar. Boa noite!"

CPSIA information can be obtained
at www.ICGtesting.com
Printed in the USA
BVHW020505070421
604345BV00006B/577

9 781525 914775